CONTRATS D'ASSURANCE

MARITIME

DU XIIIe SIÈCLE

PAR

Jules VALERY

PROFESSEUR DE DROIT COMMERCIAL A L'UNIVERSITÉ DE MONTPELLIER
LAURÉAT DE L'INSTITUT

PARIS

FONTEMOING et Cie, ÉDITEURS

Libraires des Écoles Françaises d'Athènes et de Rome
de l'Institut français d'archéologie orientale du Caire
du Collège de France et de l'École Normale Supérieure

4, RUE LE GOFF, 4

1916

CONTRATS D'ASSURANCE MARITIME

DU XIIIe SIÈCLE

OUVRAGES DU MÊME AUTEUR

Traité des contrats par correspondance (*Ouvrage couronné par l'Académie des Sciences morales et politiques*). Paris, Fontemoing, 1895.. 8 fr. 50

Traité du louage des meubles. Paris, Rousseau, 1895........... 2 fr. »

Histoire du contrat d'assurance au moyen âge (traduction de l'ouvrage italien d'Enrico Bensa). Paris, Fontemoing, 1897....... 3 fr. 50

L'Exterritorialité des lois et les Etats à formation complexe. Bruxelles, 1897.. 1 fr. 75

Les Assurances sur la vie en droit international (en collaboration avec MM. Guido Bonolis et Joseph Lefort). Paris, Fontemoing, 1902.. 6 fr. »

Maison de commerce et fonds de commerce. Paris, Rousseau, 1903.. 2 fr. 50

Les parts de fondateur. Paris, Fontemoing, 1904................ 1 fr. 50

Traité de la location des coffres-forts. Paris, Fontemoing, 1905. 3 fr. 50

Les actions de jouissance (1er article). Paris, Fontemoing, 1906.. 1 fr. 50

Les actions de jouissance (2e article). Paris, Fontemoing, 1907... 2 fr. »

Le chèque à provision insuffisante. Montpellier, 1906 .... 1 fr. 50

Le pape Alexandre III et le principe de la liberté des mers. Paris, Pedone, 1907.. 1 fr. 50

Les origines de l'assurance sur la vie. Montpellier, Firmin et Montane, 1907.. 1 fr. 50

La demande en justice dans les rapports de la France avec les pays étrangers. Paris, Librairie du *Sirey*, 1907............ 2 fr. »

Une traite de Philippe le Bel. — Contribution à l'histoire de la lettre de change. Paris, Fontemoing, 1909.................. 1 fr. 50

Les Lettres missives (*Ouvrage couronné par l'Académie des Sciences morales et politiques*). Paris, Fontemoing, 1912......... 10 fr. »

Manuel de droit international privé. Paris, Fontemoing, 1913.. 8 fr. »

CONTRATS D'ASSURANCE

MARITIME

DU XIIIe SIÈCLE

PAR

Jules VALERY

PROFESSEUR DE DROIT COMMERCIAL A L'UNIVERSITÉ DE MONTPELLIER
LAURÉAT DE L'INSTITUT

PARIS

FONTEMOING et Cie, ÉDITEURS

Libraires des Écoles Françaises d'Athènes et de Rome
de l'Institut français d'archéologie orientale du Caire
du Collège de France et de l'École Normale Supérieure

4, RUE LE GOFF, 4

1916

Extrait de la *Revue générale du droit, de la législation et de la jurisprudence.*

TOULOUSE. — IMPRIMERIE M. BONNET, RUE ROMIGUIÈRES, 2.

CONTRATS D'ASSURANCE MARITIME

DU XIIIe SIÈCLE

Ainsi que mon savant ami Enrico Bensa (1) l'a démontré, c'est au quatorzième siècle que le contrat d'assurance a commencé à faire son apparition. Antérieurement, on constate bien l'existence de contrats conclus dans le but de déplacer la charge des risques auxquels l'un des contractants aurait été exposé normalement, mais ce déplacement des risques ne constitue pas l'objet unique de ces contrats; il résulte d'une clause insérée dans une convention relative à une transaction commerciale quelconque. Ainsi Tite Live mentionne au Livre XXV de ses Décades qu'au cours de la lutte contre Annibal le Trésor public s'engageait à défrayer les fournisseurs (2) des armées romaines des pertes que les risques de mer pouvaient leur occasionner. Ainsi encore, depuis les temps les plus reculés, le prêt à la grosse, le *nauticum fœnus*, a permis aux capitalistes de retirer un intérêt élevé de leur argent en prenant à leur charge les dangers de perte auxquels étaient exposés les navires ou les cargaisons qui avaient été affectés à la garantie de leur créance (3). Souvent autrefois

(1) *Il contratto di assicurazione nel medio evo*, Gênes, 1884; traduction française par Jules Valery, avec une préface par Joseph Lefort, Paris, Fontemoing, 1897. Cpr. Endemann, *Studien in der romanisch kanonistischen Wirthschafts und Rechtslehre*, Berlin, 1883, t. II, p. 355.

(2) L'un d'eux, Postumius de Pyrgos, avait imaginé de se faire payer en vertu de cette clause des sommes considérables, soit en simulant des naufrages, soit en réclamant des indemnités pour la perte de vieux navires, chargés de marchandises de faible valeur, qu'il faisait périr volontairement. Le crime de baraterie est donc antérieur de plusieurs siècles au contrat d'assurance qui paraîtrait, cependant, avoir dû le faire naître !

(3) Cpr. Reatz, *Geschichte des europäischen Seeversicherungsrechts*, Leipzig, 1870, pp. 15 et suiv.; Huvelin, *Dictionnaire des antiquités grecques et romaines* de Daremberg et Saglio, t. III, v° Mercatura, p. 1759; Parrocel, *De l'idée d'assurance en droit romain*, thèse de doctorat, Aix, 1891.

comme aujourd'hui, le vendeur consentait à n'exiger le prix des marchandises vendues que si elles parvenaient à bon port (1).

Dans le contrat de commande, contrat dont le rôle économique a été si important au moyen âge, il était d'usage d'insérer une stipulation relative aux risques. Généralement, ils devaient être supportés en totalité par le *commendator*, à moins que le *tractator* ne se fût pas conformé à ses instructions et eût fait suivre aux valeurs ou aux marchandises confiées à ses soins une voie autre que celle qui avait été convenue (2).

Mais il faut arriver, semble-t-il, à l'époque où les croisades vinrent donner une impulsion nouvelle aux relations des populations riveraines de la Méditerranée pour voir apparaître des contrats dont le *but principal* est d'atténuer les périls inhérents aux expéditions maritimes (3).

Au surplus, la préoccupation des risques paraît hanter l'esprit des commerçants de cette époque. De même qu'à l'heure actuelle les accidents, et plus particulièrement les accidents dont la vie humaine est menacée, ont provoqué un grand nombre de théories, de contrats, de lois destinés à diminuer la gravité de leurs conséquences, de même au cours de la période à laquelle je viens de faire allusion le commerce semble avoir eu le souci constant d'atténuer les conséquences des risques de mer.

La raison de cet état d'esprit ne doit pas se trouver uniquement dans le développement que venait de prendre la navigation. Il faut la découvrir aussi, me semble-t-il, dans l'exten-

(1) Blancard, *Documents inédits sur le commerce de Marseille*, Marseille, 1884, t. I, p. 18.

(2) C'est là ce que décidait expressément le chapitre XIX des Statuts de Marseille, de 1253 (Pardessus, *Lois maritimes*, 1837, t. IV, p. 266), et il est intéressant de constater dans les *Documents inédits sur le commerce de Marseille au moyen âge*, publiés par Blancard (Marseille, 1885, t. II, p. 21), un acte, en date du 7 avril 1238, par lequel un certain Guillaume Catalan se reconnaît débiteur d'un citoyen de Marseille, nommé Guillaume Bagnols, pour avoir précisément fait faire à la commande dont il s'était chargé un voyage qui n'avait pas été prévu, voyage au cours duquel la commande lui avait été enlevée par des corsaires pisans. La coutume commerciale paraît donc avoir établi la règle que le statut a consacrée plus tard.

(3) Bensa, *op. cit.*, p. 1 de la traduction ; Jos. Lefort, p. x de l'introduction à cet ouvrage.

sion vraiment effrayante prise par la course et par la piraterie. Les bulles des papes, l'établissement de la théorie des représailles et des tribunaux de prises (1), même les récits de certains conteurs, Boccace par exemple, nous montrent avec quelle facilité tout armateur, tout capitaine de navire se transformait en pirate, pillant, même en pleine paix, tous les bâtiments étrangers auxquels il croyait pouvoir courir sus sans trop de danger. La théorie des représailles elle-même, en permettant à la victime d'actes de ce genre de se faire rendre justice aux dépens des compatriotes de son spoliateur, ne put, tant que le cours des années n'eût pas permis à ses effets bienfaisants de se produire dans toute leur ampleur, qu'accroître les maux engendrés par cette situation.

Aussi est-ce, en quelque sorte, par la force même des choses que le quatorzième siècle a vu naître le contrat d'assurance; il répondait à un besoin qui se faisait sentir avec intensité, et depuis longtemps déjà.

Toutefois, s'il n'apparaît pas qu'il y ait eu à une époque antérieure des contrats ayant *ouvertement* pour objet l'assurance de certains risques, des contrats d'une nature spéciale et obéissant à des règles qui leur fussent propres, du moins je suis porté à croire que pendant le siècle précédent on avait commencé à mettre en pratique des conventions qui revêtaient le nom et les apparences de tel ou tel des contrats usités jusqu'alors, mais qui, dans la réalité, tendaient uniquement à faire échapper l'un des contractants à certains dangers qu'il aurait eu à courir si une pareille convention n'était pas intervenue.

Le recueil si précieux d'actes dressés au treizième siècle par des notaires marseillais, que M. Louis Blancard a publié il y a une trentaine d'années, m'a inspiré cette idée. Certains des documents qu'il renferme constituent à mon avis, non pas, comme ils le paraissent au premier abord, des prêts ou bien des ventes, mais de véritables polices d'assurance.

C'est là ce que je vais essayer de démontrer.

(1) Del Vecchio e Casanova, *Le rappresaglie nei Comuni medievali*, Bologne, 1894; de Mas-Latrie, *Bibliothèque de l'Ecole des Chartes*, 1865-1866, p. 530; Aug. Dumas, *Etude sur le jugement des prises maritimes en France jusqu'à la suppression de l'office d'amiral*, Paris, 1908.

I

CONTRATS DE PRÊT-ASSURANCE.

Les actes reproduits par M. Blancard nous montrent, comme les dispositions du chapitre V, livre III, du Statut de Marseille (1) nous l'avaient déjà appris, que les conventions relatives aux risques de mer que les commerçants marseillais (2) revêtaient des formes d'un contrat de prêt, pouvaient se présenter sous deux aspects assez différents.

Parfois le propriétaire des marchandises qui vont être exposées à des risques de cette nature emprunte une somme sous la condition qu'il ne sera tenu de la rendre que si le navire sur lequel les marchandises sont embarquées, ou tout au moins la majeure partie de sa cargaison, arrive à bon port, *salva eunte navi vel majori parte rerum ibi oneratarum.* Ainsi donc, alors même que les marchandises de l'emprunteur auront péri, pourvu que le navire ou la majeure partie de sa cargaison soit arrivé à bon port, l'obligation de rembourser la somme prêtée subsistera.

Bensa (p. 7) attribue à cette clause, assez singulière, au moins au premier abord, la raison d'être suivante : « L'explication de cette condition qui, tout en étant relative seulement au risque couru par les marchandises du stipulant, s'étendait au chargement tout entier, bien qu'il appartînt à plusieurs propriétaires différents, ne peut se trouver que dans le droit à la contribution d'avaries, droit grâce auquel il était loisible au stipulant, même dans le cas où ces marchandises seules auraient péri, d'exercer un recours contre les autres chargeurs et contre le propriétaire du navire. »

Pour si ingénieuse que soit cette conjecture, elle ne me satisfait pas complètement. Je remarque, en effet, que bien rares devaient être les cas où la clause en question permettait

(1) Pardessus, *Lois maritimes*, t. IV, p. 265 ; Frémery, *Etudes de droit commercial*, Paris, 1833, p. 251.

(2) Ils ne faisaient, d'ailleurs, en agissant ainsi, que se comporter comme les commerçants de toutes les autres places situées sur les bords de la Méditerranée occidentale (Bensa, pp. 5 à 8).

à l'emprunteur d'échapper à l'obligation de restituer la somme qui lui avait été avancée. Comme nous le montre le Statut de Marseille, il devait la rendre si le navire ou la majeure partie de sa cargaison parvenaient à destination, et cela alors même que ses propres marchandises eussent péri; il devait la rendre également, même dans le cas de perte du navire ou de sa cargaison, si tout au moins ses propres marchandises avaient été sauvées, son obligation se trouvant simplement réduite, dans cette hypothèse, à une somme d'un montant égal à la valeur des marchandises qui avaient échappé au naufrage ou au pillage. Il fallait donc, pour que la clause *sana eunte navi* produisît toutes les conséquences dont elle était susceptible, qu'il y eût eu à la fois perte des marchandises de l'emprunteur et perte, soit du navire, soit de la plus grande partie de sa cargaison. Si nous considérons, d'autre part, que, lorsque le sinistre avait simplement atteint les marchandises de l'emprunteur, il n'avait de recours contre l'armateur ou contre les propriétaires des marchandises restées indemnes qu'autant que la perte qu'il avait subie leur avait été profitable, que, d'ailleurs, même lorsqu'il pouvait exercer ce recours utilement, une partie du dommage n'en restait pas moins à sa charge; enfin, que la question de savoir, en cas de perte d'une partie de la cargaison, si cette partie avait une importance supérieure à celle qui n'avait pas péri était de nature à soulever des contestations d'une solution fort douteuse, il est facile de voir que cette clause favorisait surtout les intérêts du prêteur.

Aussi serais-je porté à croire qu'elle peut bien avoir été imaginée en considération de l'action en contribution pour avaries communes dont est investi le propriétaire des choses qui ont été sacrifiées au profit de toutes les personnes intéressées dans l'expédition maritime, mais que son but véritable était de fournir aux capitalistes un moyen de prêter de l'argent aux conditions avantageuses dont bénéficiaient les prêts maritimes. Comme on le sait, là même où la prohibition prononcée par le droit canon contre la stipulation d'intérêts était observée (1), on admettait une exception à cette règle

(1) M. Bensa (*op. cit.*, ch. I, p. 4) mentionne divers statuts municipaux ita-

en faveur des prêteurs qui s'exposaient à courir les risques

liens qui écartaient cette règle du droit canon et permettaient la stipulation d'intérêts jusqu'à concurrence d'un taux déterminé. Des mesures analogues furent prises en France au profit soit de certaines foires, soit de certaines villes. *Lo Codi*, ce recueil provençal du douzième siècle qui paraît avoir joui d'une autorité si grande dans tout le sud-est de la France, après avoir déterminé le taux des intérêts susceptibles d'être exigés dans chacun des cas où il admet qu'il puisse en être stipulé valablement, ajoute qu'en cas de prêt sur des choses exposées aux risques de mer le prêteur peut réclamer, si les risques ne se sont pas réalisés, des intérêts dont le montant peut atteindre celui du capital lui-même qui a été prêté : « Ille qui suo periculo prestat denarios in mari, id est tali conventione quod, si perditi fuerint, quod dampnum sit suum, ille qui sic prestat potest tantum quantum petere quantum prestavit si capitale fuerit liberatum » (IV, 54, § 3, édition Fitting et Suchier, Halle, 1906). Au surplus, je suis porté à croire que la décrétale, qui paraît prohiber d'une manière absolue le prêt à intérêts même en matière maritime, avait, au contraire, pour but d'établir ici une exception qui n'a disparu que par suite d'une interpolation. Voici, en effet, le texte de ce passage fameux de la compilation de Grégoire IX, tel qu'il est reproduit dans l'édition du *Corpus juris canonici* de Friedberg (Leipzig, 1881, t. II, p. 816) : « L. V, t. XIX, *de usuris*, c. 19 : Gregorius IX, Fratri R. : Naviganti vel eunti ad nundinas certam mutuans pecuniæ quantitatem, pro eo, quod suscipit in se periculum, recepturus aliquid ultra sortem, usurarius est censendus. Ille quoque, qui dat X. solidos ut alio tempore totidem sibi grani, vini, vel olei mensuræ reddantur quæ, licet tunc plus valeant, utrum plus vel minus solutionis tempore fuerint valituræ verisimiliter dubitatur, non debet ex hoc usurarius reputari. Ratione hujus dubii etiam excusatur qui pannos, granum, vinum, oleum vel alias merces vendit ut amplius quam tunc valeant in certo termino recipiat pro eisdem ; si tamen ea tempore contractus non fuerat venditurus. » Il n'est pas douteux que la rédaction de la première phrase de ce texte, qui est celle qui nous intéresse, est bien faite pour surprendre Pourquoi, effectivement, le fait du prêteur qui a stipulé une compensation en retour de la garantie contre les risques qu'il a promises à l'emprunteur devrait-il le faire traiter comme un usurier ? On comprendrait qu'il y eût là une raison pour le faire échapper à cette qualification ; on ne comprend guère que le pape considère cette circonstance, contrairement à tout ce qui avait été décidé jusque-là, comme de nature à lui faire encourir l'application des mesures édictées contre l'usure. Mais l'étonnement causé par cette décision ne peut que s'accroître si l'on poursuit la lecture de la Décrétale. Dans sa deuxième et dans sa troisième disposition elle décide, contrairement à ce que paraît vouloir la première, qu'on ne doit pas mettre au nombre des usuriers, soit celui qui a prêté de l'argent à la condition de recevoir à une époque ultérieure des marchandises si, au moment où ces marchandises doivent lui être livrées, elles ont une valeur supérieure à celle de la somme prêtée, soit celui qui a vendu des marchandises moyennant un prix payable ultérieurement et d'un montant plus élevé que la valeur de ces marchandises au moment de la vente. Il résulte, par conséquent, de là deux exceptions à la prohibition du prêt à intérêts. Or, il est remarquable que les passages qui les formulent sont conçus de telle sorte qu'ils paraissent bien avoir été destinés, dans la pensée de leur auteur, à continuer le développement de la pensée qui l'inspirait lorsqu'il rédigeait la première phrase du

de mer; ailleurs, il était universellement admis, conformé-

texte. De ces deux passages, le premier commence, en effet, par ces mots : « Ille *quoque...* », le second par ceux-ci : « Ratione hujus dubii *etiam* excusatur... » De là on est donc porté tout naturellement à conclure que les personnes visées dans ces deux phrases successives devaient être traitées de la même façon que celle dont il était question au début du texte. Comment expliquer, dès lors, qu'il n'en soit pas ainsi, et que celle-ci se voie accoler la qualification d'usurier tandis que les autres en sont exemptées? Il y a là évidemment un problème qui se pose, problème qui, d'ailleurs, a été aperçu depuis longtemps, car, ainsi que mon éminent collègue, M. Paul Fournier, membre de l'Institut, a eu l'obligeance de m'en informer, la disposition en question de la loi *Naviganti* a embarrassé de nombreux canonistes, à commencer par l'archevêque Nicolas de Tudeschis (Abbas Panormitanus) dans son commentaire des Décrétales qui remonte au quinzième siècle. S'il peut être permis à qui n'est ni un canoniste, ni même un historien, d'exprimer un avis à ce sujet, je hasarderai l'opinion que le texte de la Décrétale de Grégoire IX n'a pas été inséré d'une manière fidèle dans le recueil compilé par Raymond de Pennafort. Par suite, soit d'une omission volontaire, soit plus probablement d'une simple erreur matérielle, on a sans doute négligé, en le recopiant, d'y faire figurer une négation, *non* ou mieux encore *nullatenus*, qui devait se trouver placée soit avant, soit après le mot *usurarius*. Ainsi corrigé, le texte reprend une allure correcte; il ne renferme plus rien de choquant. Non seulement il est naturel qu'il établisse au profit des prêts maritimes une faveur conforme à une tradition jusque-là toujours respectée, mais, en outre, sa contexture redevient naturelle. On comprend alors l'insertion dans la première phrase de ces mots : *eo quod suscipiat in se periculum*, puisqu'ils motivent l'exception ainsi apportée à la règle générale; on comprend également pourquoi les deux autres dispositions de la Décrétale commencent, l'une par l'adverbe *etiam*, l'autre par l'adverbe *quoque*; il est normal qu'il en soit ainsi puisque ces deux dispositions ont le même but que la première, à savoir d'écarter, dans les cas qui y sont visés, la prohibition de la stipulation d'intérêts.

Au surplus, la conjecture à laquelle je viens de me livrer est loin d'être nouvelle. Après avoir cru trouver là l'explication du problème que pose la décrétale *Naviganti*, j'ai appris que plusieurs canonistes avaient déjà eu cette pensée : Ferdinand de Castro-Palao, Layman, Barbosa, Alphonsus de Narbona, Johannes a Bernartio, Joudelin. Le jésuite Gibalinus (*De usuris, commerciis, deque æquitate et usu fori Lugdunensis*, Lyon, 1656, t. I, pp. 239 et suiv.) suppose que le copiste à qui était confié le soin de transcrire les documents dont l'ensemble était destiné à constituer la compilation de Grégoire IX, étant pénétré de l'idée que le prêt à intérêts était illicite, dut s'imaginer que la négation contenue dans le texte qu'il avait à copier ne pouvait y figurer que par suite d'une erreur; en conséquence, agissant à la façon de certains de nos compositeurs qui croient pouvoir s'arroger le droit de corriger la « copie » qu'ils sont chargés d'imprimer, il aurait supprimé de sa propre autorité la négation à laquelle il attribuait la valeur d'une hérésie.

Quelle que soit la valeur de cette hypothèse, ce qui paraît certain, c'est que cette négation figurait dans le texte primitif de la Décrétale. Mais il ne sera jamais possible, sans doute, d'en avoir la preuve, car elle ne pourrait résulter que de la production d'un texte antérieur à la compilation de Raymond de Pennafort; or, ainsi que M. Auvray, le savant éditeur des registres de Grément à une tradition séculaire, que le taux des intérêts, en cas de *nauticum fœnus*, pouvait être supérieur au taux généralement pratiqué ou toléré (1).

Une objection pourrait être élevée, cependant, contre l'explication qui vient d'être présentée. C'est que les actes où sont contenus des contrats de la nature de ceux dont je m'occupe, ne renferment point, d'ordinaire, de stipulation d'intérêts.

Mais cette objection est rien moins que péremptoire, car l'absence d'une stipulation de ce genre ne prouve nullement, malgré la formule *gratis et amore* contenue dans certains contrats (2), qu'ils fussent faits à titre gratuit. Les circonstances dans lesquelles ils intervenaient et ce que nous savons des habitudes commerciales protesteraient contre une semblable supposition. Ce qui est vraisemblable, c'est que le montant des intérêts était dissimulé dans le montant de la somme que l'emprunteur s'obligeait à rendre, soit que cette somme, exprimée dans une monnaie ayant cours sur la place où la restitution devait avoir lieu, eût une valeur supérieure à celle de la monnaie qui avait été reçue, soit que, suivant un procédé cher aux usuriers de tous les temps, la somme énoncée dans l'acte de prêt fût moins élevée que celle qui, en réalité, avait été versée par le prêteur (3).

Il peut sembler, cependant, que, s'il en avait été ainsi, il aurait été inutile de recourir au subterfuge d'un prêt maritime. Mais il faut observer que le créancier pouvait craindre que son débiteur ne cherchât à se soustraire au payement intégral de la somme promise en prétextant qu'elle correspondait pour partie à des intérêts stipulés dans des conditions illicites; les clauses si nombreuses des contrats qui prévoient et qui écartent par anticipation tous les moyens de défense et toutes les exceptions auxquels l'emprunteur aurait pu être tenté de recourir rendent cette supposition très vraisemblable.

goire IX, a bien voulu me le faire savoir, nous ne possédons aucun texte de ce genre; la lettre du pape qui est devenue la décrétale *Naviganti* ne figure dans aucun recueil connu, et il est peu probable qu'on parvienne jamais à découvrir sa teneur originale.

(1) Voir la note précédente.

(2) Bensa, *op. cit.*, chap. I, p. 25.

(3) Cpr. Endemann, *op. cit.*, t II, p. 383.

Quoi qu'il en soit, d'ailleurs, de ces hypothèses, un point me paraît certain. C'est que, comme je le faisais remarquer plus haut, les prêts conclus *salva eunte navi* laissant peser sur l'emprunteur la plupart des périls inhérents à toute navigation ne présentent guère avec les contrats d'assurance que des analogies très lointaines.

Tout autre est le caractère des prêts du second genre.

Avant d'en tenter la démonstration, je rapporterai le texte de l'un d'eux, en l'accompagnant de sa traduction, afin qu'il ne puisse pas y avoir de doute au sujet de l'interprétation que je crois devoir lui donner.

Eodem die et loco (1). Ego W. Tabernarius, de Montepessulano, confiteor et recognosco tibi Raimundo Boquerio, filio Raimundini quondam, me habuisse et recepisse ex causa permutacionis seu cambii a te CXII l. monete miscuæ modo curribilis in Massilia, renuncians inde exceptioni non numerate et non tradite michi pecunie, pro quibus CXII l. promito tibi per stipulacionem dare et solvere tibi CCLXXXVIII bisancios sarracenatos et VIII cairatos, mundos et expeditos de doana et dacita et omnibus avariis infra VIII dies postquam navis Raimundi Sifredi que dicitur Sanctus Spiritus applicaverit apud Acconem vel alibi causa discaricandi, sanis tamen euntibus II balis pannorum meorum que debent vehi in dicta nave ad tuum resegum et fortunam usque ad quantitatem dictorum bisanciorum; quas balas meas tibi obligo et trado in pignore pro dictis bisanciis et generaliter inde tibi obligo omnia bona mea presentia et futura; renuncians induciis XX dierum et IIII mensium et omni alii dilationi et juri et exceptioni per quam contra predicta venire possem. Testes : Hugo Bernardi, Augerius de Montisello, W. de Bella Aqua, Andreas de Roca, Factum fuit.....

[*Traduction*].

« Je, Guillaume Tavernier, de Montpellier, déclare et reconnais envers toi, Raymond Bouquier, fils de feu Rainaudin,

(1) Le 24 mars 1248, à Marseille (Blancard, *op. cit.*, t. I, p. 323).

avoir eu et reçu de toi pour cause d'échange et de change 112 livres de monnaie mêlée ayant cours à Marseille (1), renonçant en conséquence à l'exception de somme non comptée et non remise, à raison desquelles 112 livres je te promets par stipulation de te donner et de te payer 288 besants sarrasinats et 8 carats, libres et dégagés de tous droits de douane et d'octroi et de toutes contributions (2), dans les huit jours qui suivront celui où le navire de Raymond Sifred, appelé le Saint Esprit, aura abordé à Acre ou dans tout autre lieu de déchargement, pourvu, toutefois, qu'arrivent à bon port deux balles de drap m'appartenant qui doivent être transportées sur ledit navire à tes risques et périls jusqu'à concurrence de la valeur desdits besants; ces balles m'appartenant, je te les oblige et donne en gage pour la garantie desdits besants, et je t'oblige, en outre, d'une manière générale tous mes biens présents et à venir, renonçant aux délais de vingt jours et de quatre mois (3) et à tout autre moyen dilatoire, moyen de défense et exception par où il me serait possible de résister à l'exécution des engagements pris ci-dessus. Témoins..... »

L'impression que donne la lecture réfléchie de cette pièce, ainsi que de tous les autres actes de même nature que contient en grand nombre le recueil de Blancard, est que, malgré les apparences, ce n'est pas un prêt que les parties ont eu véritablement l'intention de conclure.

Dans le prêt à la grosse proprement dit l'argent emprunté doit servir à payer, soit les réparations du navire, soit le prix des marchandises qui doivent y être chargées (4). Ici, rien

(1) Cpr. Schaube, *Handelsgeschichte der romanischen Völker des Mittelmeergebiets bis zum Ende der Kreuzzüge*, Munich, 1906, p. 813.

(2) Telle est, me semble-t-il, la traduction la plus exacte du mot *avaria* dans son sens primitif, car on ne peut comprendre certains textes où il est employé qu'à la condition de lui donner cette signification; il en est ainsi pour celui-ci, emprunté par Du Cange, v° Avaria, aux *Annales Genuenses* de Jacques Doria : « *Eodem etiam anno* (1285) *armatæ sunt in Janua pro Communi, de pecunia* pro avariis *collectá, galeæ V.* » Comment est-on passé de ce sens à celui de dommage subi par une chose? L'explication de ce phénomène philologique est fournie, me semble-t-il, par la théorie des « avaries communes » (art. 400 C. comm.).

(3) Cpr. l. 2 et 3, § 1, C., *De usuris rei judicatæ*, VII, 54.

(4) Cpr. Modestin, l. 1, D., *de nautico fœnore*, XXII, 2.

de tel. Dans aucun des actes de la nature de ceux dont je viens de donner un modèle, il ne se manifeste le moindre rapport entre la somme versée et les choses embarquées. Il est peu croyable, au surplus, que la plupart des commerçants qui expédiaient des marchandises outre-mer eussent besoin de contracter tous en même temps des emprunts.

Au contraire, tout concourt à démontrer que l'attention des contractants s'est portée principalement sur les risques auxquels seraient exposées les choses mentionnées dans le contrat. Grâce à ce contrat, si ces risques venaient à se réaliser, le chargeur ne subissait aucune perte pourvu que la somme qu'il s'était fait remettre eût été assez importante pour couvrir la valeur des marchandises péries. A l'inverse, lorsqu'elles arrivaient à bon port, le prêteur touchait la somme élevée dont il avait stipulé le payement dans le cas où cette éventualité se produirait.

Le but en vue duquel sont conclus nos contrats d'assurance modernes se trouvait donc atteint, et il est intéressant de remarquer que des actes semblables à celui dont j'ai reproduit le texte sauvegardaient pleinement les intérêts des deux parties.

Considérons, d'abord, la situation du propriétaire des marchandises ou du navire (1). Tout assuré prudent doit se préoccuper, non seulement de conclure un contrat d'assurance propre à lui procurer une indemnité suffisante en cas de sinistre, mais encore de traiter avec un assureur solvable, qui ne puisse être soupçonné d'être hors d'état de verser le montant de cette indemnité le jour où elle deviendra exigible. Voilà pourquoi certains auteurs ont cru devoir soutenir que l'assurance n'a fait véritablement son apparition que le jour où, un grand nombre de personnes ayant traité avec une même entreprise d'assurances, celle-ci s'est trouvée ainsi en mesure de réunir des capitaux considérables, tandis que, d'autre part, ayant à répondre de risques nombreux et variés, qui ne se réaliseront pas tous, qui, en tout cas, ne se réaliseront pas tous à la fois, elle aura toujours des ressources suffisantes pour faire face aux demandes d'indemnité dont elle pourra être l'objet.

(1) Exemple d'un contrat de ce genre affectant un navire : acte du 15 juillet 1248 (Blancard, t. II, p. 284).

Pour qu'il y ait assurance, il faut donc, soutiennent ces auteurs, qu'il y ait réunion de l'élément *juridique*, résultant de l'obligation contractée par une personne d'assumer la responsabilité des risques courus par une autre, et de l'élément *économique* consistant dans la constitution d'une entreprise à large envergure (1).

Il y a là, me semble-t-il, l'exagération d'une idée juste. Certes, pour que les assurances pussent atteindre leur degré actuel de développement, il était nécessaire qu'elles formassent l'objet de sociétés puissamment organisées. Mais il en est de même pour la plupart des opérations commerciales; elles ne donnent des résultats importants qu'autant qu'elles sont effectuées sur une grande échelle. Ainsi, pour qu'un marchand retire un profit sérieux de l'exercice de sa profession, pour qu'il puisse, d'autre part, donner satisfaction aux exigences de ses clients en mettant à leur disposition des articles nombreux, variés, fréquemment renouvelés, il est nécessaire qu'il soit outillé pour pouvoir procéder à un grand nombre de ventes; tel est le secret du succès de nos magasins de nouveautés gigantesques. Mais, si ces constatations sont intéressantes à faire au point de vue économique, au point de vue juridique tout contrat grâce auquel une personne retire un bénéfice de l'aliénation d'une chose qu'elle avait achetée précédemment, constitue une vente, et une vente commerciale.

De même, par cela seul qu'une personne contracte l'engagement d'indemniser une autre personne des pertes qu'un événement futur et incertain pourrait occasionner à celle-ci, cette convention constitue un contrat d'assurance, abstraction faite de la qualité ou de la situation de fortune de l'assureur.

Voilà pourquoi je crois devoir considérer sans hésitation comme des contrats d'assurance les conventions de la nature de celle dont je m'occupe en ce moment; et, ainsi que j'avais commencé à le faire observer avant de me livrer à cette digression, ces conventions étaient conçues de telle sorte qu'elles offraient aux deux contractants la plus grande sécurité.

(1) Huvelin, *L'histoire du droit commercial* (*Revue de synthèse historique*, t. VIII, 1904, p. 218). Cpr. Vivante, *Trattato di diritto commerciale*, 3e éd., t. IV, n° 1859; Thaller, *Manuel de droit commercial*, 4e éd., n° 728.

L'assuré, tout d'abord, n'avait pas à redouter l'insolvabilité de l'assureur puisqu'il touchait par anticipation le montant de l'indemnité à laquelle la réalisation du risque pouvait lui donner droit; il jouissait donc par là d'une garantie sans pareille, supérieure à toutes celles que les compagnies d'assurances modernes peuvent offrir, rien ne pouvant la faire disparaître.

Quant à l'assureur, sa créance était garantie, non seulement par le droit de gage général que l'assuré lui accordait sur tous ses biens, mais encore, et surtout, par le gage spécial qui lui était concédé, conformément à une pratique séculaire (1), sur le navire ou sur les marchandises qui faisaient l'objet de l'assurance.

Comment ce droit de gage s'exerçait-il? Je ne saurais le dire. Peut-être le capitaine du navire ne devait-il livrer les marchandises que moyennant l'autorisation du créancier, et y avait-il là quelque chose d'analogue à ce qui se produit actuellement en cas de création d'une traite documentaire? Peut-être le créancier jouissait-il d'un droit de préférence sur le navire ou sur les marchandises affectés à sa sûreté? Que l'on remarque qu'à cette époque bien des problèmes que le droit privé international a à résoudre ne se posaient pas, l'efficacité des actes ou des jugements intervenus dans un pays étant reconnue de plein droit partout ailleurs (2).

Quant au profit que l'assureur retirait de l'opération si elle tournait à son avantage, il résultait de la différence entre la somme dont il avait fait l'avance et celle qu'il devait recevoir, différence généralement très considérable; dans l'acte que j'ai cité, elle s'élevait à près d'un quart du montant des deniers reçus par l'assuré. En outre, il était possible que l'assureur pût employer la somme qui lui était versée au port d'arrivée du navire ou des marchandises d'une manière très profitable à ses intérêts. Selon toute vraisemblance, dans bien des cas il devait le faire, en consacrant tout ou partie de cette somme à faire de nouveaux contrats de prêt-assurance

(1) Paul, l. 6, D., *de naut. fœn.*, XXII, 2.

(2) Ainsi le recueil de Blancard contient un contrat conclu à Messine pour être exécuté à Marseille (t. I, p. 3), une procuration et un bail destinés à produire leurs effets à Majorque (t. I, pp. 83 et 249).

portant sur des bâtiments ou des cargaisons qui, partant de ce port, allaient affronter les fortunes de mer dans le voyage de retour à Marseille. De cette façon, pourvu qu'il ne survînt aucun sinistre, le capital consacré à l'assurance faisait, en quelque sorte, dans ce va et vient la boule de neige, puisqu'il grossissait à l'occasion de chacune des traversées où il recevait cette affectation.

Que le contrat de prêt ait vraiment servi à réaliser de véritables assurances, c'est ce que contribue à démontrer un acte, relatif, non plus aux opérations du commerce maritime, mais à un transport terrestre. Il figure, comme le contrat rapporté plus haut, dans les minutes du notaire Giraud Amalric, de Marseille, mais il est au nombre de ceux dont M. Blancard avait inséré le texte, avant la publication de son livre, dans un article de la *Bibliothèque de l'Ecole des Chartes*, t. XXXIX, 1878, p. 110 [p. 128], intitulé : *Note sur la lettre de change à Marseille au treizième siècle.*

Dans cet acte nous voyons qu'un certain Azati, fils de feu Rainier, d'Arezzo, reconnaît avoir reçu de Riquier, fils d'Olivier, et de Teucanieri, fils de Gautier, tous deux de Florence, à titre de prêt gratuit, 20 livres tournois qu'il s'engage à leur rendre à la prochaine foire de Bar-sur-Aube (1), à la condition qu'un cheval, dont il était propriétaire et que les prêteurs devaient monter jusqu'à cette ville, y arriverait sain et sauf, devant voyager à leurs risques et périls jusqu'à concurrence de 12 livres tournois, somme pour le montant de laquelle il leur était donné en gage, de telle sorte que, s'il venait à périr en cours de route, Azati n'eût plus à payer que 8 livres (2).

(1) Cpr. Huvelin, *Essai historique sur le droit des marchés et des foires*, Paris, 1897, p. 267.

(2) Voici le texte de cet acte : « XIII kalendas aprilis, juxta tabulas campsorum. Ego Azatus, filius Rainerii quondam, de Arecio, confiteor et recognosco vobis Riccuro, filio Olivarii, et Teuchanerio, filio Gauterii, de Florencia, me habuisse ex causa mutui gratis et amoris a te (a) [*sic*] XX l. turonensium renuncians, *etc*, quas XX l. turonensium promicto vobis per stipulationem dare et solvere vobis vel alteri vestrum vel cui mandabitis, in nundinis de Bari proxime venturis infra rectum pagamentum, vel in termino dictarum nundinarum, si forte dicte nundine vaccarent, et omnes expensas et dampna et

(a) Probablement le rédacteur de l'acte a copié machinalement une formule sans prendre garde qu'il avait à faire à deux stipulants et non pas à un seul.

A première vue, il paraît singulier ce contrat par lequel le propriétaire d'un cheval, tout en donnant cette bête en location et en gage, se fait prêter par les preneurs une certaine somme qu'il conservera en grande partie si la bête est périe en cours de route, qu'il n'aura à restituer intégralement que dans le cas où le cheval lui sera rendu au lieu convenu.

Ce caractère de singularité s'effacera dès l'instant où l'on reconnaîtra que l'intention des parties a été de faire un contrat de garantie. Azati n'a pas voulu courir le risque d'être dépouillé de son cheval ou, tout au moins, d'avoir à multiplier les démarches, peut-être même les procédures, qui auraient pu être nécessaires pour en obtenir la restitution. Faisant donc usage du procédé dont se servent aujourd'hui encore certains loueurs de choses mobilières, loueurs de bicyclettes, loueurs de livres, par exemple, il s'est fait avancer par les locataires de l'animal une somme qu'il gardera tant qu'il n'en aura pas récupéré la possession.

Maintenant, pourquoi le montant de la somme qu'il doit restituer variera-t-il selon que le cheval sera parvenu à destination ou bien aura péri en cours de route? Je crois pouvoir l'expliquer ainsi. Il n'y a guère à craindre que Riquier et Teucanieri fassent périr volontairement le cheval ou le vendent frauduleusement avant leur arrivée à Bar, car, à supposer que la crainte des pénalités auxquelles ils pourraient s'exposer par là ne dût pas les détourner d'un pareil dessein, ils ont besoin de leur monture pour atteindre cette ville et ils sont intéressés à la conserver en bon état jusque-là. Ce qui est plus redoutable, c'est donc qu'ils ne mettent aucune hâte, une fois parvenus à destination, à la rendre à son pro-

gravamina quecumque feceritis vel incurreritis pro dicto debito petendo ultra terminum supradictum, sano tamen eunte quodam equo meo liardo (a) quem obligo et trado vobis in pignore pro XII l. ex predictis XX l., quem equum vos debetis equitare ex pacto usque ad Bare ad resegum et fortunam tuam [*sic*] usque ad dictas XII l., ita quod si contingeret, quod Deus avertat, dictum equum mori et perdi interim, quod non tenear tibi de dictis XII l., pro residuis vero VIII l. ex predictis XX obligo vobis et vestris omnia bona presentia et futura obligans inde vobis et vestris omnia bona presentia et futura, renuncians fori privilegio et induciis XX dierum et III mensium et omni alii dilacioni, juri et exceptioni per que contra dicta venire possem... »

(a) De couleur grise.

priétaire qui aura, au contraire, un grand intérêt à pouvoir en disposer au plus tôt, soit afin de la louer pour un voyage de retour, soit afin de la vendre avec bénéfice ou de l'utiliser de toute autre façon. Mais le désir de recouvrer la totalité de la somme dont ils ont fait l'avance les incitera sans doute à remettre le cheval entre les mains de son propriétaire dès que leur voyage aura pris fin.

Peut-être l'opération pourrait-elle s'expliquer d'une manière plus simple. Pour cela, il faut supposer que la valeur du cheval en question était de douze livres. Cela étant, puisque en cas de perte de cet animal son propriétaire n'avait à rembourser que huit livres sur les vingt livres qu'il avait reçues, il était mis ainsi à l'abri du préjudice qu'il aurait subi en l'absence d'une stipulation de ce genre. Au contraire, le cheval arrivait-il à destination, Azati devait restituer aux prêteurs la totalité de la somme qu'ils lui avaient avancée.

Jusqu'ici, cette explication fait comprendre l'intérêt qu'un pareil contrat pouvait présenter pour l'assuré; mais elle ne montre pas quel avantage les assureurs pouvaient en retirer. C'est que sans doute cet avantage n'est pas exprimé dans le contrat. On pourrait supposer qu'il consistait dans l'utilité que devait leur procurer l'emploi du cheval au cours du voyage qu'ils avaient à entreprendre. Mais il est probable que ce n'aurait pas été là une compensation suffisante à l'obligation si lourde qu'ils assumaient. Il y a lieu, d'ailleurs, de remarquer que, s'il n'est fait mention dans l'acte d'aucune rémunération pour la location de la bête, c'est que sans doute la créance qui aurait dû naître de ce chef au profit du loueur se balançait avec le profit qu'il était appelé à retirer de la somme qui lui était avancée. Aussi me semble-t-il vraisemblable que dans ce cas encore la somme énoncée dans l'acte fût supérieure à celle qui avait été versée en réalité, de telle sorte que le profit espéré par les assureurs, si le cheval ne périssait pas en route, devait résulter de la différence entre la somme qu'ils avaient avancée et celle qui devait leur être remboursée. Telle est, sans doute, la raison pour laquelle l'acte assujettit à un régime différent les deux sommes de douze et de huit livres entre lesquelles il divise les vingt livres que l'emprunteur est censé avoir reçues, la somme la moins élevée constituant, en tout ou en partie, le montant du profit que les assureurs s'attendent à réaliser.

Si l'une ou l'autre des interprétations que je donne ainsi à ce contrat est exacte, il contribue à prouver que le prêt était usité comme un moyen de garantir le propriétaire d'une chose contre les risques auxquels elle pouvait être exposée.

II

CONTRATS DE VENTE-ASSURANCE.

Eodem die et loco (1). Ego Fulco Collanigra de Messana confiteor et recognosco tibi Raimundo de Lobregato de Montepessulano me emisse, habuisse et recepisse tot de tuis molis et de tuo ferro a te, renuncians inde exceptioni dictarum molarum et dicti ferri non traditorum, pro quorum precio debeo tibi XVIII oncias auri tarinorum, mundas et expeditas de doana et dacita et omnibus avariis, quas XVIII oncias promicto tibi dicto Raimundo per stipulationem et sub pena X onciarum auri domino Imperatori applicanda, tibi dare et solvere infra unum mensem postquam navis Bertrandi Rostagni, que dicitur Sanctus Egidius, applicaverit apud Messanam vel alibi, causa discaricandi, qua pena soluta et exacta nichilominus rato manente pacto, sanis tamen euntibus mercimoniis meis que debent vehi in dicta nave ad tuum resegum et fortunam usque ad quantitatem dictarum onciarum; quas mercimonias omnes seu res tibi obligo et trado in pignore pro dictis onciis et specialiter inde tibi obligo omnia bona mea presentia et futura; renuncians, etc. Testes : Johannes de Villanova, Bernardus Bessanus, Johannes Bermundus. Factum fuit..

[*Traduction.*]

« Je, Foulque Collanera, de Messine, déclare et reconnais envers toi Raimond Lobregat, de Montpellier, avoir acheté,

(1) Le 31 juillet 1235, à Marseille (Blancard, t. 1, p. 289).

eu, et reçu de toi une certaine quantité de meules et de fer, renonçant en conséquence à l'exception de non tradition desdites meules et dudit fer, pour le prix desquelles marchandises je te dois 18 tarins d'or, ladite somme franche et nette de tous droits de douane ou d'octroi et de toute contribution, lesquels 18 tarins je te promets, à toi Raimond susnommé, par stipulation et sous peine d'avoir à verser dix onces d'or au bénéfice de l'Empereur, de te remettre et te payer dans le mois qui suivra le jour où le navire de Bertrand Rostan, appelé *Saint-Gilles* aura abordé à Messine ou dans quelque autre port pour y décharger, sans que le paiement de cette amende porte atteinte à nos conventions, pourvu toutefois que mes marchandises, qui doivent être transportées sur ce navire à tes risques et périls jusqu'à concurrence du montant de ladite somme, parviennent à destination saines et sauves; lesquelles marchandises ou choses, je te livre et donne en gage pour la garantie de ladite somme de même que je t'oblige expressément tous mes biens présents et à venir. Renonçant... »

Les raisons qui me portent à croire que cet acte est relatif, non pas à une vente, comme il semble l'indiquer, mais bien à un contrat d'assurance portant sur les marchandises chargées par Foulque Collanera sur le *Saint-Gilles*, sont les suivantes :

D'abord, il est peu croyable que Raymond Lobregat (ou plus vraisemblablement Llobregat) ait consenti à prendre à sa charge les risques auxquels devaient être exposées en cours de traversée, non seulement les meules et les barres de fer qu'il était censé avoir vendues, mais encore toutes les marchandises, quelles qu'elles fussent, que l'acheteur expédiait en même temps à Messine. Au surplus, même s'il avait joué réellement le rôle de vendeur, en ce qui concerne les marchandises autres que celles qui sortaient de ses mains il se serait comporté en assureur.

Mais il y a mieux. Dans les actes notariés du moyen âge règne, encore plus que dans ceux de notre époque, une tautologie parfois excessive. Comme le montrent les autres contrats dont j'ai rapporté le texte, l'énonciation des sommes ou des marchandises est faite avec la plus grande précision et elle est reproduite à plusieurs reprises. Ici, rien de tel. Le notaire se borne à constater qu'il a été vendu une certaine quantité de meules et de fer, *tot de tuis molis et de tuo ferro* : aucune précision n'est donnée au sujet du nombre, de la nature exacte, de l'emballage de ces objets. Bien plus, il n'est même pas mentionné que ces meules et ce fer doivent être compris dans les marchandises chargées sur le *Saint-Gilles.*

Voilà pourquoi je suis amené à croire que la mention de ces meules et de ce fer est aussi fantaisiste dans le contrat conclu entre Collancra et Llobregat que l'est dans beaucoup de nos effets de commerce modernes la mention « valeur en marchandises » ; elle a eu pour but unique de « colorer » l'acte et de lui donner les apparences d'une vente (1).

Ce qui rend cette conjecture particulièrement vraisemblable, c'est que des mentions de même nature sont contenues dans une pièce dont M. Bensa a donné le texte (2) et où l'idée d'assurance apparaît d'une manière évidente. Il s'agit d'un contrat, du 12 juillet 1270, par lequel Godefroy Benevia et Martin Maruffo réassurent, au profit de Julien Grillo, des marchandises appartenant à Jean Sacco et qu'il avait assurées lui-même contre les risques d'un voyage à accomplir de Gênes au port de l'Ecluse *(Sluys)*, en Flandre; or, la formule par laquelle débute ce contrat de réassurance est la suivante : « *confitemur tibi nos a te emisse, habuisse et recepisse* TOT DE TUIS REBUS ET MERCIBUS... »

Je suis donc porté à croire qu'il y avait là une pratique d'un usage assez fréquent.

Pourquoi, dans l'acte du 31 juillet 1235, les parties y ont-elles recouru? Si nous observons que le payement de la somme stipulée par l'assureur en cas d'arrivée à bon port devait être effectué à Messine, il est loisible de supposer que dans cette ville et à ce moment la prohibition du prêt à intérêt était appliquée d'une manière particulièrement rigoureuse, qu'il y avait donc lieu de craindre, dans le cas où le contrat aurait revêtu l'aspect d'un prêt, que, si le débiteur venait à

(1) On peut soupçonner de même un acte du 11 mai 1233, qui paraît relater l'achat de « *tantum de tuis telis* », de dissimuler en réalité un prêt d'argent, cette mention étant destinée à fournir une cause à la dette (Blancard, t. I, p. 47).

(2) P. 200 de l'édition italienne.

résister aux demandes de son créancier, les juges saisis du litige ne fussent portés à admettre le moyen de défense consistant à soutenir que la somme promise correspondait pour partie au capital prêté, et pour partie à des intérêts.

On peut donc avoir pensé que ce danger serait évité si les parties donnaient pour cause à l'obligation du débiteur une vente simulée.

Le caractère que je crois devoir attribuer ainsi à l'acte dont je viens de m'occuper peut être contesté. Il me semble difficile, au contraire, de ne pas voir une assurance dans un autre acte, revêtant également les apparences d'une vente, dont voici la teneur :

Eodem die et loco (1). Ego Bernardus Gontardi, campsor, confiteor et recognosco tibi, Bigorta de Montepessulano, me habuisse et recepisse ex causa permutacionis seu cambii a te in Massilia, III quintalia et XL rotols amigdalorum, renuncians exceptioni non numeratarum et non traditarum michi amygdalorum, promitens tibi per stipulacionem tibi dare et reddere tibi alia III quintalia et XL rotols, ad pondus de Accone, amigdalarum pulchrarum et bene recipiendarum, apud Acconem infra VIII dies postquam navis que dicitur Sicarda applicaverit apud Acconem, vel precium illud quo vendentur amigdale que portabuntur in dicta nave apud Acconem in termino supradicto; obligans inde tibi vel tuis omnia bona mea habita et habenda, et omnes expensas et interesse que pro me faceres promito tibi et tuis in solidum ressarcire; renuncians inde induciis XX dierum et III mensium et omni alii dilationi et omni juri per quod contra predicta venire possem.

[*Traduction :*]

« Je, Bernard Gontard, changeur, déclare et reconnais envers toi, Bigorte de Montpellier, avoir eu et reçu de toi, pour cause de change, à Marseille, trois quintaux (1) et quarante rouleaux d'amandes, te promettant par stipulation de te re-

(1) A Marseille, le 15 avril 1248 (Blancard, *op. cit.*, t. II, p. 73).

mettre et te rendre trois autres quintaux et quarante rouleaux d'amandes, poids d'Acre, de belle qualité et de recette, à Acre, huit jours après que le navire appelé *La Sicarde* sera arrivé audit Acre, ou bien le prix auquel se vendront les amandes qui seront transportées sur ledit navire à Acre au moment susdit, obligeant, en conséquence, à toi ou à tes ayants cause tous mes biens présents et à venir; je promets aussi de tenir compte, à toi et aux tiens, de toutes les dépenses que tu pourrais faire pour moi et de tous intérêts; renonçant en conséquence aux délais de vingt jours et trois mois et à tout autre moyen dilatoire ou de défense que je pourrais invoquer à ton encontre. »

Ce contrat, par lequel le changeur Gontard reconnaît avoir reçu une certaine quantité d'amandes et s'engage envers le stipulant soit à lui remettre à Acre pareille quantité de cette même marchandise, soit à lui payer la valeur qu'elle aurait dans cette ville d'après les cours pratiqués au moment où l'obligation deviendra exigible, est tout à fait énigmatique à première vue. L'intérêt que les parties avaient pu avoir à le conclure n'apparaît nullement.

Mais l'énigme s'éclaire dès l'instant où l'on suppose, comme je proposerai de le faire, que l'intention des contractants a été de conclure une assurance. On comprend alors que Bigorte, après avoir chargé sur *La Sicarde* les amandes en question, ait payé à Gontard une certaine somme pour obtenir de lui la promesse que, quoi qu'il pût advenir, il lui remettrait à Acre, soit la même quantité d'amandes de bonne qualité, soit leur valeur sur cette place. De cette façon, Bigorte se trouvait garanti contre les pertes dont il aurait eu à souffrir si en cours de route les amandes avaient été avariées, rongées par les rats, volées en tout ou en partie, puisque dans tous les cas de ce genre le préjudice devait être supporté par Gontard, celui-ci ayant pris en quelque sorte la marchandise à sa charge et ayant à répondre, par conséquent, de tous les risques auxquels elle allait être exposée.

(1) Il s'agit probablement de quintaux d'Acre; ce quintal correspondait à un poids de 228 kilogrammes et était divisé en cent « rouleaux ».

Il est surprenant, toutefois, que le contrat ne renferme pas la clause *salva eunte navi*. Faut-il en conclure que l'assureur ne répondait pas de la perte entraînée par le naufrage du navire, soit que telle eût été l'intention véritable des parties, soit que cette omission ait été le résultat d'une manœuvre, peu loyale, mais habile, de l'assureur désireux de limiter ses risques sans que l'assuré se rendît compte de cette limitation, de même que les clauses imprimées des polices d'assurance actuelles ménagent souvent aux assurés des surprises désagréables en réduisant sensiblement les droits qu'ils croyaient avoir à exercer? Devons-nous penser, au contraire, que la clause d'arrivée à bon port avait été jugée inutile, cette clause étant considérée comme de style et la condition qu'elle était destinée à exprimer résultant de l'ensemble du contrat?

Aucun indice ne m'a permis de résoudre cette question. Le seul point sur lequel je crois pouvoir me montrer affirmatif, est que l'acte en question ne peut constituer qu'un contrat d'assurance.

Toulouse. — Imprimerie M. BONNET, rue Romiguières, 2.

www.ingramcontent.com/pod-product-compliance
Ingram Content Group UK Ltd.
Pitfield, Milton Keynes, MK11 3LW, UK
UKHW032025260826
14628UKWH00006B/2739

9 782019 659769